これからの親の教科書

New textbook of Parent

子どもも
自分も一緒に
成長できる

ディリーゴ英語教室代表
廣津留 真理

KADOKAWA

はじめに

悩みの解決は「思い込み」を一つ一つ外すことから

こんにちは。廣津留真理です。

私は地元の大分で英語教室を主宰する傍ら、英語教育や家庭教育に関するセミナーや講演会を全国で行っています。そこには多くの方にご参加いただき、英語教育や一人娘である廣津留すみれさんを育てた経験から培った知識をお話ししているのですが、その影響もあって、私のもとへ子育ての相談や悩みが寄せられることがよくあります。

「子どもに勉強をさせるには、どうすればいいの？」
「日々の家事と育児で自分の時間がまったくない」
「今は子育てで休職しているけど、果たしてちゃんと仕事復帰できるのか」

例を挙げたらキリがありませんが、ここでは書ききれないほど親は多くの悩みを抱えています。それもそのはず、初めて親になる人にとって子育てはわからないことだらけですし、そもそも子育てに「これ！」という正解があるわけではありませんから当然です。

ただ、一つ言えることは、**抱えている悩みの中には、本当は悩む必要なんてない、単なる思い込みが多く含まれている**ということです。

例えば、「子どもをいい学校に入れさせるために、小さい頃から塾に通わせなければいけない」という思い込み。

ここで言う「いい学校」とは、どのような学校を指すのでしょうか。もし、「学力の高い学校」という意味なら、それは古い価値観にとらわれすぎているかもしれません。今の時代、学歴とか関係なく成功を収めている人はたくさんいます。もちろん、すべてがそうとは言い切れませんが、「高学歴こそ正義」という価値観は、もう捨て去った方がいいのではないでしょうか。

そして、「塾に通わせなければいけない」というのも、必ずしもそれが正解というわけではありません。なぜなら、勉強は子どもがするもの。もし、子どもが自発的に勉強する子に育ってくれたら、塾に通う必要もなくなるのではないでしょうか。

私は、娘を塾に通わせたり、受験のために何度も模試を受けさせたりはしませんでした。もっとも、彼女自身がそれを望まなかったから、させなかっただけですが……。この話をすると、「どのように子どもに勉強を教えていたの？」

と聞かれることがありますが、私は英語が得意だったから英語は教えたけれど、ほかの教科については、ほとんど教えたことがありません。ただ、彼女が自ら進んで勉強するような環境を整えただけです。その方法については、ほかの書籍で詳しく書いていますので、そちらを参考にしていただきたいのですが、ここで言いたいのは、**世の中には塾を必要としない子もいる**ということです。

もちろん、私は塾に通うことが悪いと言いたいわけではありません。ただ、塾が必要な子がいれば、必要のない子もいる。だから、「塾に通わせなければいけない」というのは、単なる思い込みに過ぎないのです。

古い価値観や単なる思い込み。本書は、そうしたマインドブロック（思い込み）を一つ一つ外す手助けができれば……という思いで書き上げました。

そして、**悩みを解消することによって生まれる気力や時間を使って、子ども**

のことだけでなく、もっと自分を大切にして、自分の好きなことをしてほしいと願っています。

自分の人生も楽しむことが今流の子育て

子育ての最中は、子どものことが第一で、自分のことなど二の次、と考えている人はきっと少なくないでしょう。親として子どもを育てる以上、当然誰もが抱く感情だと思います。けれど、**親である自分が幸せでいることが、ひいては子どもの幸せにつながる**ということも知ってほしいのです。

私がこれまでに知り合った優秀と思える人たちは、幸せな家庭で育った人が多くを占めます。中には、逆境をバネにして成長した人もいますが、それでも数を比べたら、幸せな家庭の方が圧倒的に多い。

そして、幸せな家庭環境とは、自分のことは二の次と言って、自分を犠牲にすることで築けるものではありません。親が苦しんでいたら、きっと、子どもも安心して過ごせない。でも、親がいつもニコニコしていたら、きっと、子どももニコニコ過ごしてくれる。とても単純なことですが、とても大事なことだと私は思っています。

それに、子どもはいつか親元を離れるということも、子育ての早い段階から意識しておく必要があります。そのときは40代後半から50代になっているでしょうか。ずっと子どもばかりに目を向けてきて、いざ自分を見つめ直したとき、何も残っていなかったら悲しいと思いませんか？　今では仕事をしながら子育てをすることも一般的になりつつありますが、**仕事でも趣味でも自分の「好き」を追求し続けてほしい**と思います。

私は娘の大学進学を機に、ディリーゴ英語教室を本格的に始め、それが今の生活の基盤になっています。また、現役ハーバード大学生を講師に迎え、小中高生にスピーチやプログラミングを教える「サマー・イン・ジャパン」の活動も始めました。

20代から携わっている大好きな英語教育の延長線上で、娘の高校卒業をきっかけに英語教室を本格的に法人化したわけですが、それは自分の人生を楽しみたい、自分のやりたいことをやりたいという思いが根底にあります。

親になったから自分を諦める時代はもう終わり。

何かに抑圧されながら生きるのではなく、自分の思うままに生きたいように生きる——。

これは、これからを生きるすべての親に持っていてほしい考え方です。

他人や情報に流されない「自分の考え方」を育てる

親になればわからないことだらけ。多くの悩みや不安を抱えてしまい、その結果、「正しい子育て」という幻想を求めて、いろいろな動画を漁ったり、情報を仕入れたりするのでしょう。本書を手に取った人の中にも、そうした思いから手を伸ばしていただいた人がいるかもしれません。

ただ、私は**それらの情報をすべて鵜呑みにするのはよくない**と思っています。なぜなら、それが新たなマインドブロックを作り出してしまう可能性があるからです。「動画で〇〇してはいけないと言っていたから」とか「本にダメと書いてあったから」という理由だけで、それらがすべて自分の子育てに当てはまると考えない方がいいと思います。

ですから、書いておきながらなんですが、本書もあくまでも参考程度にし、それをもとに自分の考え方を成熟させてほしいと考えています。

それでも、マインドブロックを外すことは、悩みの根本的な解決につながります。本書を読んで自分を振り返ったとき、「今抱えている悩みはただの思い込みだったのか」とか、「ちゃんと自分のことも考えよう」と少しでも思っていただけたら幸いです。

子どもも自分も一緒に成長できる　これからの親の教科書

目次

第2章 限りある時間をやりくりする方法 53

第3章 学校で習わないけど大切な「お金の使い方」

第4章 子育てが終わったあとにどう生きるか 135

第5章 親も子も一緒に成長するから「人生は楽しい」 161

ブックデザイン	沢田幸平（happeace）
編集協力	前田和之
DTP	思机舎
校正	山崎春江
編集	金子拓也

第1章

その悩み、
実はただの
「思い込み」なだけ

あなたは
「単なる思い込み」に
縛られていませんか

突然ですが、皆さんはこれまで、「子どもをいい学校に通わせるために塾に通わせなければいけない」とか、「お弁当に冷凍食品を入れてはいけない」とか、あるいは「老後のためにお金を貯めないといけない」とか、「〇〇してはいけない」などと考えたことはありませんか？　特に子どものためになると、途端にこの考え方になる方をよく見かけます。

「〇〇しないといけない」という考えは日々の暮らしの中でときおり浮かんでくるかもしれませんが、そもそも**それって本当にしないといけないことなのでしょうか？**

日本は昭和の時代にできた習慣を大事にしすぎるきらいがあると、私はつねづね思っています。

例えば、「お盆や正月は帰省しないといけない」。

よくニュースなどで新幹線の混雑状況や道路の渋滞情報などとともに孫がお

祖父さんやお祖母さんに会いに行くシーンが流れますが、なにもそんなに混んでいるときに帰らなくてもいいじゃないですか。空いている時期に帰省したりお墓参りをするなど方法はいくらでもあるはずです。

もちろん、お盆や正月しか長期休暇が取れないという理由もあると思います。でも、そもそも「自分が好きなタイミングで長期休暇が取れない」という考え方自体が、私には不思議でしょうがありません。

「○○しないといけない」というのは、言ってみれば謎の思い込みで、自分自身に制限をかけている状態です。そして、そうした思い込みが根付いていると、何かの行動を起こすとき、**知らず知らずのうちに「どうせできない」と否定的な考えに陥り、結局、何もできなくなってしまいます。**

でも、もし「謎の思い込み」＝「マインドブロック」を外すことができたら、もっと考え方が自由になり、日々がラクに楽しくなると思いませんか。

子育てをはじめ、よく私が聞く悩みの中には、こうしたマインドブロックにとらわれているからこそ抱くものが多いように感じます。

本書でも、このあとたびたびマインドブロックを外すことの大切さを紹介しますが、実は抱えている悩みや問題は些細なことで、マインドブロックを外すだけで解決できるものも少なくないからです。

何にも縛られずに自由に生きる。

きっと、その方が精神的にも健やかな毎日が送れるにちがいありません。

ぜひ皆さんも、本書を読んで一つ一つ外していきましょう。

他人軸だと常に
誰かの視線を
気にしてしまう

多くの人がマインドブロックに縛られている理由。

その一つに、**自分軸ではなく他人軸で生きている**ということが挙げられます。

常に誰かの目を気にしている——。

自分で考えるのではなく、頭の中に誰かがいて、何をするにもその人に遠慮している状態です。

例えば、母親が「お弁当に冷凍食品を入れてはいけない」という考え方に至るには、どこかでそのお弁当を見られて「家事を手抜きしていると思われたら恥ずかしい」という気持ちがきっと頭のどこかにあると思います。

そもそも、家事をすべて一人で完璧にこなすなんて到底無理な話です。手が抜けるところがあれば絶対に抜いた方がいいし、家事を外注（家事の代行サービスやハウスクリーニングなど）したって誰かに文句を言われる筋合いはありません。

以前、イギリスで近代の建築物を見たことがあります。

それは3階建ての建物で、地下に食糧庫、1階に居間、2階に奥様の部屋、3階にご主人の部屋という作りになっていました。

そして、ここが重要な部分ですが、食事係や清掃係など、召使いを7人も抱えて生活していたそうです。**家事をはじめ日々の生活を維持するのに7人もの召使いが必要だった**のです。

ご主人のお客様が来ても、当然奥様は料理をせず、食事を終えたら自分の部屋に戻ってしまう。


もちろん、これは昔の話なので極端な例ですが、もしかしたら、家事を完璧にこなさなければいけないと考える人の中には、「7人の召使いで回している家事を一人ですべて行わなければならない」と思っている人もいるのではないでしょうか。

自分でスーパーに買い物に行き、ご飯を作って食べさせて、子どもを寝かしつける。その間に部屋の掃除をして洗濯もして……。しかも、頭の中の誰かが見ているから、一切手抜きができない――。

7人の仕事量を一人でするわけですから、そんな生活を続けていたら、きっと肉体的にも精神的にも体を壊してしまいます。

まずは頭の中にいる誰かに消えてもらいましょう。

そして、**手が抜けるところは抜く努力をしていきましょう**。

いつも
誰かのせいにする自分を
変える方法

他人軸で生きていることのデメリットは、人の目を気にしすぎることだけではありません。

自分に不都合なことが起こると、すぐに誰かのせいにしてしまうことが挙げられます。

自分がこのような人間になったのは親のせい。
子どもが勉強しないのは学校のせい。
お金が全然貯まらないのは社会が悪いせい。
自分で変えられる部分があるにもかかわらず、何でもかんでも誰かのせいにして、自分を守ってしまうのです。

最近、市民として社会に参加し、その役割を果たすための「**シティズンシップ教育**」という言葉をよく耳にします。

耳慣れない言葉かもしれませんが、シティズンシップとは次のように定義されています。

「ある共同体の完全な成員である人々に与えられた地位身分である。この地位身分を持っているすべての人々は、その権利に付与された権利と義務において平等である」

日本人には、このシティズンシップの意識が希薄のような気がしています。

自分が社会を構成する一員であるにもかかわらず、自分とは関係のないところで社会のルールが決められ、それに文句をぶつけることなく従ってしまう。

ここで大事なのは、権利だけでなく義務もあるということです。

権利には、自由権や平等権、財産権などがあり、選挙権や被選挙権、教育を受ける権利や最低限の生活を保障される権利もあります。

ただ、その権利を主張するなら、当然、社会を構成する一員としての義務も果たさないといけません。社会をよりよくするために積極的に社会と関わる。そして、自分が社会を作っている一人だと自覚し、行動しなければならないのです。

日本人にはお上（かみ）の文化があり、お上＝統治者・国が国民を守ってくれる代わりに、お上の言うことは飲み屋で不平を言うくらいにしておいて何でも従うのが常識なので、いきなり考え方を変えるのは難しいかもしれません。けれど、**そのような意識を持つことで、主体性が生まれ、他人軸の生き方から脱却できる**のではないかと思っています。

親のせいと思っていることも、結局は自分が親の言うことに従うと決めたからだし、学校のせいというのも、その学校に行くことを決めたのは自分。シティズンシップの意識が希薄で、**自分が社会に参画しているという自覚がない**

と、社会が決めたルールや常識が絶対と思ってしまうようになります。

だから、「親の言うことは聞かないといけない」とか、「学校に行くのはルールだから」と思い込み、本当は自分の意思で決められることに気づかないのです。

一方で、自分が社会を作るメンバーであると自覚していれば、ルールや常識を疑うことができるのではないでしょうか。

そして、それが他人軸の生き方からの脱却につながり、ひいてはマインドブロックの解除にも役立つと思うのです。

日本の価値観に
縛られず、
世界の当たり前を
取り入れる

昔から私は、日本人は世間の目を気にしすぎるように思っています。空気を読むのに長けているというか、空気を読みすぎているというか。もっとも、東日本大震災など災害が起きたときは日本人のそうした気質が役立ち、略奪が行われたり、暴動が起きたりといったことがありませんが、普段からそこまで空気を読まなくても構わないのではないでしょうか。

先ほど、日本人は昭和の時代にできた習慣を大事にしすぎると言いましたが、今は昔と違って世界が身近になり、仕事もリモートで世界とつながれる時代です。

ですから、**従来の日本の価値観に縛られるのではなく、もっと世界的な視野で、いろいろな価値観を取り入れた方がいい**と思っています。それが、子どもの将来を考えるうえでも大切だと感じています。

私は2011年から、「サマー・イン・ジャパン」という英語を学ぶサマースクールを主催しており、その講師役にハーバード大学の学生を招いています。

そして、その講師を選抜するために、これまで800人以上のハーバード大学生の履歴書やカバーレター（外資系企業や海外企業に応募書類を送る際に同封するもの）を見てきました。そのような活動を通じて気づいたことは、**日本と海外では「成功」や「達成」の概念が違う**ということです。

今はもう転職は当たり前の世の中になりつつありますが、終身雇用制を用いていた日本では、いまだに転職をためらう人も少なくないと思います。

けれど、ハーバード大学生たちは、一つの企業で働き続けるという考えを一切持っておらず、自分のスキルを上げるために企業を転々とすることを当然のように考えています。実際、「サマー・イン・ジャパン」でのインターンシップを終えた学生のその後を見ていると、みんな転職を何度も繰り返し、いろいろな分野で活躍しています。

それに、お金にこだわらず、**自分の好きなことを仕事にしている人が多い。**

いくつかの転職を経てミュージカル作家になった人もいれば、若い人に選挙の投票を促す活動を行っている人、医学部を出て医師として働きながら、バイオリニストとしてステージで演奏している人もいます。本当に多岐にわたる分野で活躍し、そこにはさまざまな成功の形があります。何か一つに固執するなんてことがないのです。

私は、自分が経営する英語教室のスタッフの面接を行うとき、必ず将来の夢を聞くようにしています。そして、その夢に近づくために英語講師というキャリアがどのように役立つのかを考えてポジションや仕事内容を割り振るのです。

つまり、転職や起業を前提とした採用です。そのような考え方は海外では珍しくもありません。

面接で将来の夢を尋ねると、教育に携わりたいとか、自国に帰って活躍したいと答える人が多かったのですが、中には将来ゲームクリエイターになりたいと答える人もいました。そして、その人は、英語講師として日本の子どもたちと接することで、日本人のキャラクターがわかったり、彼らがどのようなことに興味や関心があるかを知ったりすることができると語っていました。

自分の好きを仕事にする。

きっと親なら、誰もが自分の子どもにそんな生き方をしてほしいと願っているのではないでしょうか。けれど、謎の思い込みや価値観、マインドブロックがあると、「そんなことできるわけがない」と否定的に考えてしまい、「安定した」職業に就きなさいと言うようになってしまうかもしれません。

そうならないためにも、従来の日本の価値観に縛られるのではなく、もっといろいろな価値観を認められるようになることが大切です。

子どもの宿題時間に学校のトークネタを仕入れる

子どもの将来を考えて口うるさくなってしまう――。

親なら誰でも一度は抱いたことのある悩みではないでしょうか。実際に、私のところにもこうした悩みを話す方がよくいらっしゃいます。

例えば、家で全然勉強しないから、いつも「勉強しなさい」と叱ってしまう。でも、学校でしっかり勉強しているのに、本当に家でも勉強しなくてはいけないのでしょうか。

私の娘のすみれさんは、いつからか家であまり宿題をしないようになりました。休み時間などを利用して、すべて学校で宿題を終わらせていたのです。ただ、彼女の場合はバイオリンを習っていたため、効率化して時間を作らないといけないという理由もありましたが、そのような事情がないとしても気持ち次第で、宿題は学校に行っている時間内でこなすことはできると思うのです。

もちろん、学校によっては信じられないほどの量の宿題を出すところもあり、すべての人が学校で宿題を全部できるとは思っていません。

どうしても家に持ち込まなければいけないけれど、子どもは家で勉強してくれない――そんなときはどうするか。

私なら、「学校で習ったことをもう一度家で勉強するなんて無駄だからやめなさい」と言いたくなってしまいますが（笑）、そうもいかないのが現実。実際、娘も学校で宿題を済ませる習慣が身につく前は家で宿題をしていました。

そんなとき、私がおすすめしたいのは、**子どもと一緒に親も宿題をする**という方法です。

私は、以前から「**リビング学習**」を提唱していますが、娘がリビングで勉強していたとき、宿題は格好のトークネタだと思っていました。「今日はどんな宿題が出たの？」とか、一緒に問題を解きながら、それに関係する話をしたり、ついでに学校のことを聞いたり。毎回、学校から新鮮なトークネタが来るので、ありがたく思っていました。

宿題は子どもが一人で自分の部屋でするもの――それも、ぜひ外したいマインドブロックの一つです。

一人で勉強するものだと思い込んでいるから、勉強しない子どもに「勉強しなさい」と言ってしまうのだし、ついつい口うるさくなってしまうのです。でも、宿題を子どもとのトークネタと考え、**一緒に勉強するという習慣が身につけば、自然と口うるささも減っていく**のではないでしょうか。

パートナーへの不満をなくすには家事をシステム化する

つい口うるさく言ってしまうのは、なにも子どもの勉強に関してだけではないかもしれません。ときには子どもではなくパートナーに「○○してって言ったでしょ！」と声を荒げてしまうケースもあるでしょう。

それを解決する一つの策は、家事をシステム化することです。例えば、ゴミ出しはお父さんの仕事とか、子どもが勉強する時間をあらかじめ決めてしまうとか、家のことをすべてシステム化して、みんながそれを守れば、きっと小言は少なくなると思います。

そして、**みんなに何かの役割を任せるとき、ポイントは「たくさん褒めること**です。

例えば、私の夫は料理担当なのですが、彼が作った料理をいつも心から褒めています。「すごく美味しい！」とか、「料理の天才じゃない？」とか。人は誰でも褒められると嬉しいもので、褒め続けていると、そのうち自ら進んで行動するようになるのです。

また、役割を振るときも振り方が重要で、**「あなたはこれをやって」などと上から目線で言ったら、絶対にうまくいきません**。私もそうなのですが、上から命令されたものにはなぜか反抗的になり、どうしてもネガティブな感情が生まれてしまいます。そうしていやいややっているうちに、いつか不満が爆発してしまうのです。

人には必ず得手不得手があり、苦手なことを押し付けても絶対に長続きしません。

それは自分自身にも当てはまることです。

苦手なことを我慢して続けるのではなく、できないことはできないと素直に言っていい。すると、人間には人を助けたいという機能が備わっていて、パートナーなり家族なりが助けてくれるようになるので、役割分担を決めた方が、必ずうまくいくと思っています。

このとき注意することとして、**役割をお願いしたら、途中で口を挟むのは厳禁**。すべてをその人に任せるようにすること。

たとえうまくできていなくても文句を言わず、いいところを見つけて褒めてあげる。そうすることで、たとえ時間がかかったとしても、自分なりに工夫してうまくこなせるようになり、お願いした役割をきちっと果たしてくれるようになるのです。

なぜ親は子どもをいい学校に通わせたいと思うのか

親としては、「子どもをいい学校に通わせたい」というのも大きな悩みというか願いでしょう。

そのために、小さい頃から塾に通わせたり、夏休みとか冬休みに夏期講習や冬期講習に通わせたり、受験するとなったら何度も模試を受けさせたり。

でも、それって、子どもが望んでいるわけではなく、そして親自身に明確な目的があるわけでもなく、それが「世間の普通」だからなんとなく子どもにやらせているという方はいませんか？

たしかに、昔ほど学歴や肩書きが重要ではなくなったとは言え、いまだに学歴が大きな判断材料になるところはあります。

でも、**学歴だけを求めて、いい学校、いい大学に行くのは根本的に間違っている**と昔から思っていました。

私の娘はハーバード大学に進学しましたが、それを知った周囲の人からは「すごい！」という言葉をたくさん言われました。そのほとんどは「ハーバード大学がすごい」という意味で言っていたような気がします。けれど、彼女は学力的にすごい大学だから選んだわけではなく、自分のやりたいことに合っている大学がたまたまハーバード大学だったのです。

学校の知名度や偏差値だけで学校を決めるのではなく、**自分がやりたいことを見つけ、それが実現できる学校を選ぶ**。それが、本来の進学先の決め方ではないでしょうか。

だからと言って、なにも学歴を求めて塾に通うのが悪いとは言っていません。もし、子どもの将来やりたいことに学歴が必要なら、そのために塾に通わせるのは正しい選択です。

だけど、クラスの友達が塾に通っているからうちの子どもも通わせるとか、いい学校に進学することが世間一般ですごいとされているから通わせるとかであれば、少し考え方を変えてみてはいかがでしょうか。

ここでも**他人軸ではなく、主体的な自分軸で子どもの将来を考えることが大切です。**

子どものやりたいことを
あと押しするのが
親の役目

子どものやりたいことができる進学先を選ぶ。

そのためには、子どもが何をやりたいのか、将来どんな大人になりたいのかを見つけなければなりません。

でも、子どもは学校という小さい世界で生きているので、幼い頃から本当に自分のやりたいことを見つけられる子は、ほんの一握りしかいないでしょう。


子どものやりたいことを探すために、何か習い事をさせるのも一つの手です。

ただ、そのときに大事にしたいのは、**親である自分が得意なことだったり、好きである程度の知識を持っていたりするものを選ぶこと**です。やっぱり子どもが一番見ているのは親なので、自分が習っているものを親がどのように楽しんでいるかを見せてあげるのが、何よりも大切だと思うのです。

例えば、棋士の藤井聡太さんのようになってほしいと思い、自分でもよくわからないのに、いきなり将棋を習わせても、何をどうすれば子どもが将棋を楽しんでくれるようになるかは見当もつかないでしょう。

でも、もし自分はピアノが得意で、子どもにピアノを習わせたら、教えることもできるし、一緒に楽しむこともできます。


それで、結果として、子どもにピアノが合わなかったとしても構いません。なぜなら、親と一緒にピアノを練習したという経験の中で、どのようにすれば技術が上がるかとか、どうすれば楽しむことができるかといったスキルを身につけることができるからです。

そして、そのスキルを活かせば、例えば将棋をやってみたいとなったときに、自分なりに上達する方法を考えたり、楽しむための工夫をしたりするようになるでしょう。

そんなことを繰り返すうちに、自分に合う、本当にやりたいことが見つけられるようになると思います。

＊

「〇〇してはいけない」「〇〇しなくてはいけない」というマインドブロックは、日常のさまざまな場面で自分の行動に制限をかけてしまいます。

そして、日々の生活や子育ての中で出てくる悩みの中には、単なる思い込み＝マインドブロックを外すだけで、簡単に解決できるものもよくあります。

自分自身に対する悩みの中で最たるものが、「忙しくてなかなか時間が作れない」とか、「お金が全然貯まらない」という悩みではないでしょうか。

そこで、次の章からは、「時間」と「お金」について少し考えていきましょう。

第 2 章

限りある時間を
やりくりする方法

地球の歴史という
大きな時間軸で
今を捉える

忙しくてなかなか時間が作れない――。これは多くの人が抱えたことのある悩みではないでしょうか。

特に子育てをしながら仕事をしている方は、いくら時間があっても全然足りないと思っているかもしれません。

それでも、1日24時間というのは誰にも平等で、限りある時間をうまくやりくりしながら、仕事や子育てだけでなく、自分の趣味も楽しんでいる人もいます。

時間について考えるとき、その考え方は3つあると思っています。

一つは1日24時間という**日々の時間**。

もう一つが、生まれてから死ぬまでの**一生の時間**。

そして、もう一つが、地球という惑星ができ、そこで人類が誕生してから流れる**悠久の時間**。

「時間がない」と思い悩んでいる人の中には、「1日24時間しかない」とか、「○○していたらもう時間が残されていない」などと考えている人もいるのではないでしょうか。引き算の思考が身についているから、いつも「時間が足りない」と焦ってしまうのです。

さらに、世間の常識で定められた時間に縛られすぎている人もいるかもしれません。9時−17時で働かなければいけないとか、学校は16時で終わるから、それまでに○○して、そのあと何時に塾に送らなければいけないとか。

それは単なる思い込み、マインドブロックにほかなりません。

私は時間を考えるとき、俯瞰（ふかん）して見るようにしています。つまり、3つ目の考え方、**人類が生まれてからの長い時間を考える**のです。

少し話は逸れますが、人類が誕生してから今までの歴史を考えた場合、そのほとんどが狩猟生活をしていた時代になります。定住せず、農耕もしないで、その日食べる獲物を狩って生きていました。人が今のような生活をするようになったのは、本当に最近のことで、デスクワークなんてそもそも存在していませんでした。そうした考えから、狩猟時代に比べて現代人は圧倒的に運動量が少ないためにストレスを抱える人が多いという説もあります。

その真偽は定かではありませんが、考え方は面白いと思っています。

そして、そのような考え方は、時間についても同じように適用できるのではないでしょうか。

世間の常識が定めた時間は、はるか昔には存在していなかった。たまたま今の時代に生まれたから存在しているけど、だからといって、それに振り回される必要はありません。

せっかく豊かな時代に生まれたのだから、そんなものに縛られて生きるのはもったいないと思いませんか？

時間を人類が生まれてからの長い歴史という俯瞰的な視点で見れば、考え方の転換を図ることができ、もっと自由に、自分の思い通りに時間が使えるようになると思うのです。

もちろん、私のような考え方がすべての人に当てはまるわけではありません。それでも、どのような時間の捉え方であっても、世間が決めた時間に従わなければいけないというマインドブロックを外すことがまずは大切です。

優先順位を決め、
無駄な時間は省く

すべての人に平等であるはずの時間ですが、限られた時間をうまく使える人と使えない人は確かにいます。

では、どのようにすれば、うまく時間が使えるようになるのでしょうか。

いくつか方法はあると思いますが、**最も大事なのは、何に時間を使うか優先順位をつけ、それに沿って行動を起こすこと**です。

例えば、やらなければいけないことの重要度を振り分け、最重要項目の中でも緊急性の高いもの、今すぐにしなければいけないことから時間を使います。そして、あまり重要ではないものは、別の日に回したり、時間に余裕のあるときにこなしたりするのです。

そうすることで日々の家事や子育てに追われながらも、自由な時間を確保することができます。

また、**時間の使い方のうまい人は、総じてタイムパフォーマンスがいい**ような気がします。私は「サマー・イン・ジャパン」を通して、多くのハーバード大学生と仕事を共にしてきましたが、その中で本当に時間の使い方がうまいと感心させられることがよくありました。

これはビジネス的な話ですが、メール一つにしても、彼らのメールは非常に短く簡潔です。日本のように、「お世話になっております」から始まる決まりきった文章は一切なく、要点だけを的確に書いています。

さらには、何かを断るときは返信すらしない人もいます。「返信がない場合は、私がいないものとして進めてほしい」——そんな考え方が、普通なのかもしれません。

たかだかメールを書く時間くらい……と思うかもしれませんが、1日何通ものやり取りをすると考えたら、決してバカにはできません。それに、断りのメールを入れるときは、「大変申し訳ありません」から始まり、断る理由（言い訳）をいちいち考えて書き、さらには、相手を不快にさせないように気を遣った表現を考える。そうすると、意外と時間を使ってしまうのではないでしょうか。

しかも、そのメールを書くために、本当は別にやりたいことがあるのにその作業を中断しなければならないケースもあり、非常にもったいない時間の使い方です。それが、「断るときはメールを出さない」と決めたら、かなり時間の節約につながるでしょう。

これは親同士のＬＩＮＥのやり取りなどにも言えます。「本当は断りたいけれど気を悪くしてしまうのではないか」「どう断るのがいいのか」など、悩んでいるだけで時間を使ってしまう人もいるのではないでしょうか。

また、時間を使うのがうまい人の特徴として、**人と会って即座にその人が自分にとってメリットのある人かそうでないかを判断できる**ことが挙げられます。

初めて会ったとき、少し会話を交わすだけで自分にとって有益かどうかを見抜き、もし、付き合う必要のない人だと判断したら、簡単に関係を切ってしまう。こう言うと少し冷たい印象を与えますが、**すべての人に愛想よく接して、協調性のある「いい人」だと思われたところで、自分へのメリットはそれほどありません。**もしかすると、「いい人」＝「どうでもいい人」「都合のいい人」になりかねません。

ママ友が数人集まって、あれこれ話しているうちに数時間過ぎてしまったという話をよく聞きますが、もし、それが楽しく、自分にとって大切な時間なら構わないのですが、つまらないと感じていたり、無理に周囲の人に合わせていたりするのならきっぱりやめましょう。

時間は有限。自分の好きなこと・好きな人との時間に費やした方が気持ちもラクになるはずです。

価値交換できない人とは
関係を切ってもいい

私は、**人間関係とは、お互いに価値を交換し合える相手と築くもの**だと思っています。

それは会話にも当てはまり、話していて楽しい相手は、自分にとって価値のある内容の話をしてくれる人や、心からリラックスできる雰囲気を作れる人だと思うのです。

子どもが全然話してくれないという悩みがあったとします。

そのときに考えるべきは、自分が話している内容が、子どもにとって価値のあるものかどうかです。

例えば、近所の人がこんなことを言っていたとか、テレビでこんな番組をやっていたとか、子どもにしてみたら全然価値のない情報をいくら話したところで、聞いてくれることはないでしょう。

それよりも、スマホを見て自分の興味のある情報に触れていた方がましだと思うのは、至極当然なことです。反対に、子どもにとって価値のある内容だったら、もっと詳しく知りたくて質問してくるかもしれません。そうしたら、自然と会話も弾み、「子どもが話してくれない」という悩みもきっと解消すると思います。

自分と価値を交換できない相手——それほど親しくない人だったら、思い切って重要度のランクを下げて、よほど時間に余裕のあるとき以外は付き合わないなんて決めてもいいかもしれません。

それに人間関係は会う頻度で決まるものでもありません。私の親友で、数年に1度しか会わない相手がいます。会えば会話も弾みますし大切な友達です。でも、別に毎週会わないと気が済まないということにはならないのです。

時間の使い方がうまい人は、すべての物事において重要度をすぐに判断し、

優先順位をつけていきます。

それがたとえ人間であっても、自分にとって重要で、価値のあるものなら時間を費やすけど、そうでないなら時間を割きません。

そうすることで無駄な時間に煩わしさを覚えることもなくなり、結果として、さまざまな物事でタイムパフォーマンスを上げることにつながるのだと思います。

自由な時間のために
効率的な
スケジュールが必要

時間をうまく使うためには優先順位をつけるのが大切ですが、その優先順位に沿ってスケジュールを組み立てられるようにならなければ意味はありません。

私の場合は、3種類のノートを使ってスケジュールを管理しています。

3冊それぞれの違いを説明しましょう。

1冊目のノートには**1年間のざっくりとしたスケジュール**。

2冊目のノートには**1日のスケジュール**。

そして、3冊目のノートには、**1日のスケジュールをさらに細かく分けて、一つ一つに行う内容を書き**、そのスケジュールをこなしたあとで実際にどうだったかという結果と反省を書き込みます。

スケジュールに反省点も書くのは、同じ失敗を二度と繰り返さないようにするため。ミスを単なるミスで終わらせないためにとても重要なことです。

私は1冊目のノートに1年間のスケジュールを書き込んでいますが、会社を経営する人の中には3年後、5年後までスケジュールを考えている人もいます。もっとも、技術の進歩などで3年後には世の中がすっかり変わってしまうこともあるので、すべてスケジュール通りになるなんてことはないのかもしれませんが、それでも数年後の見通しを立てておくのは、大事なことなのでしょう。

スケジュールを立てるのは大切だけど、それに縛られすぎるのもよくない。その加減が難しいと思いますが、私はとても重要なことだと思っています。

「自由」には2つの捉え方があります。

一つは、何にも縛られることなく、本当に自分の好きなように、やりたいように行動を起こすこと。もう一つは、フリーの時間や自由な行動のためにある程度は自分を律すること。

人によってどちらが自分に合っているかはさまざまだと思いますが、私は後者の考え方の方が好きです。だから、**フリーの時間を作るために、効率的なスケジュールを組み立てる**のです。そして、なるべくスケジュール通りに事を進め、自ら作り出したフリーの時間で旅行などを楽しんでいます。

スケジュールを立てることのメリットはほかにもあります。

例えば、自分がどのように時間を使っているかを可視化できる点です。特に私の場合は、3冊目のノートでスケジュールの振り返りを行っているため、どのようなことが時間の無駄だったかとか、もっと何に時間を割いた方がいいとかが客観的に見えてくるのです。

今はスマホやパソコンを使ってスケジュール管理をされている人が多いと思いますが、私はいまだに手書きで行っています。その方が、なぜか好きなように思ったことをそのまま書けるような気がしているから。パソコンやスマホで文字を打ち込むときは、どうしても頭で一度考えてから文字に置き換えているというか、自由な発想が出にくい気がするのです。

あと、もう一つ、手書きの方が好きな理由があります。

パソコンやスマホの場合、間違えてしまったり、実行できなかったりしたとき、すぐに削除することができますが、手書きだと斜線を引いて消したことにすると思います。この**「完全に消えないこと」が意外と重要で、失敗したことも可視化され、そこからいろいろな気づきがある**のです。

スケジュールの組み方や書き方は、人によってまちまちだと思いますが、時間をうまく使うために、自分に合った方法を見つけ、スケジュールを書く習慣を身につけた方がいいでしょう。

「自分の時間」が欲しいと
思ったことは
ありますか？

忙しくてなかなか時間が作れない――この悩みは、「忙しくてなかなか自分の時間が作れない」という意味で感じている人も多いと思います。家事や育児に忙殺されて、自分の時間が持てない。そのときの**「自分の時間」とは、いったい何を指すのでしょうか。**

例えば、子どもを預けて仕事に行くのは「自分の時間」でしょうか。でも、仕事をするのは、子どもを育てるお金を稼ぐためであり、そう考えると「子育ての時間」と言えなくもありません。

さらに、仕事をしている間も、休憩時間などふとしたときに「子どもは元気に遊んでいるか」「ケガはしていないか」など、何だかんだ気になってしまうものでしょう。

「自分の時間」を持ちたいという悩みは、時間と空間を分けて考えることで生

まれてしまうケースがあります。

子どもと一緒にいるときが「子育ての時間」と考えると、「自分の時間」はなくなってしまいます。そうではなく、子どもと一緒にいなくても（空間は違っても）、子どものために働いているのなら「子育ての時間」と考えてもいいし、反対に、自分が楽しくて子どもと遊んでいるのなら、それは「子育ての時間」ではなく、「自分の時間」と捉えても間違ってはいないでしょう。

私は娘を育てているとき、子育てが楽しくて仕方ありませんでした。子どもの成長を見ていると、まるで自分が成長しているように感じ、子ども時代をもう一度経験しているような感覚があったのです。

それに、子どもは18年もしたら親のもとから飛び立ってしまいます。長い人生の中で18年しか子どもと一緒にいられないのだから、その時間をめいっぱい楽しもうとも考えていました。

もし、「自分の時間」が、自分のやりたいことができる時間を指すのなら、私にとっての子育ては「自分の時間」でした。

そもそも、**「子育ての時間」と「自分の時間」を分けるのは難しい**と私は思います。それを無理に分けようとするから、悩みが生じてしまうのです。

だから、あまり「自分の時間」という言葉にとらわれすぎないで、すべての時間を楽しむくらいの感覚でいた方が、いくらか気持ちがラクになるのではないでしょうか。

時間を作るには
無駄を省くしか
方法はない

考え方を変えることで気分がラクになるといっても、それが「時間を作れない」という悩みの根本的な解決になるわけではありません。実際、「自分の時間」とかに関係なく、1日24時間だけでは足りないと思っている人もいっぱいいるでしょう。

では、どうすれば時間を作ることができるのか。

それは、**無駄な時間を徹底的に削ること**です。

先ほど述べた、断りのメールを送るためにあれこれ考える時間や、価値を交換できない人との付き合いなど、日常の中には探せばいろんな無駄な時間が潜んでいます。

今はスマホを見ればなんでも情報が載っています。空いている時間についスマホを見てしまい、SNSや動画を見ていたら気づけば1時間経っていたなんてことも日常茶飯事ではないでしょうか。

私は、無駄な時間の中にはマインドブロックが関係しているものもたくさんあると考えています。

例えば、日本で食事を用意するといったら、多くの人は温かい食事をイメージするでしょう。しかも、3食すべてが温かい料理。

でも、海外では、火を入れたホットミールは1日に1回が普通というところが結構あります。ヨーロッパの朝食は火を使わないことが多いようです。パンとバター、ジャムと薄く切ったハムだけでも立派な一食です。片付けもラクですしね。

私は子育てしていた頃、火を使って料理をするのは、朝の1回きりでした。というのも、塾という仕事柄、夕食どきに仕事をしていたので、朝のうちに作り置きしておかなければいけなかったのです。

でも、これって、夕食を作る時間を朝食と一緒に作ることで効率化し、自分が仕事をする時間を作っていたと言えませんか？

家庭で出す料理は、温かく、作りたてでないといけない。そんなマインドブロックを外すことで、時間を作り出していたのです。

不安だらけの「FOMO症候群」から抜け出す方法

ＦＯＭＯ（フィア・オブ・ミッシング・アウト）症候群という言葉をご存じでしょうか。**ＦＯＭＯ症候群とは、自分が知らない間に取り残されたりしてしまうのではないかという不安や恐怖を感じること**を言います。

メンタルブロックが強い人は、衝動性を抑えられない傾向があります。衝動性とは、後先考えず思いついたことをすぐ行動に移してしまうこと。これは実際に経験した方も多いと思いますが、例えば、スマホがあるとつい見てしまい、気がつけば何時間も経っていたという行動もその一つです。こうした行動をとる方はＦＯＭＯ症候群になっている可能性があります。

無意識的にスマホを見れば、ＳＮＳにはキラキラしている投稿で溢れ、その人と比べて自分は楽しめていないことに劣等感を覚えてしまう――。あるいは、「塾は何歳から通わせればいいのか？」「反抗期はどう対応したらいいのか？」「老後２０００万円問題はどう乗り切ればいいのか？」など、あらゆる場面で、ハック系記事（いかに簡単に効率的に行えるかといった、テクニックやコツをメインとした情報）が書かれたサイトを見て、振り回されている状態になってしまいます。

私はこれは時間の無駄だと思います。

それよりも、ＪＯＭＯ（ジョイ・オブ・ミッシング・アウト）のマインドが大切です。

JOMOとは、取り残されることへの喜びを指し、情報を追わないことが幸せというマインドのことです。

このようなマインドにシフトできると、際限なくスマホを見て時間をつぶしてしまうということがなくなります。

スマホをダラダラ見るのではなく、5分なら5分と決め、その間に情報を見たりして、それ以降は次のことに集中すること。

SNSで流れてくる、毒親マンガや子育てハック系の記事、憂さ晴らし的なコメントやネガティブなニュースばかりを読んでいると、悪循環のループに陥ってしまいます。

自分が尊敬している人に会ったり、本を読んだりと、触れる情報を変えるだけで、FOMOからJOMOのマインドに変わります。そうすれば、時間が有効に使えるだけでなく、第1章で紹介したような「○○しなければいけない」といったマインドブロックも外すことができ、一石二鳥です。

一番の無駄な時間
「先延ばし」をやめること

無駄な時間のなくし方を紹介してきましたが、その最たるものが、プロクラスティネーション――**「先延ばし」**ではないでしょうか。**何かやらなければいけないことがあるのに、なかなか手をつけられなかったり、決定の判断を下さなかったりしてついつい先送りしてしまう。**これを聞いて、ドキッとした人は多いと思います。

現在、アメリカでは「先延ばし」をやめるコツについて書かれた本が多数出版されていますが、つまりは、これで悩んでいる人が大勢いるということでしょう。

先延ばしの最もいけないところは、ダラダラと引き延ばして時間を無駄にするだけではなく、**メンタルもやられてしまうところ**です。

少し話が逸れるかもしれませんが、恋愛における「先延ばし」を考えてみましょう。というのも最近は、付き合っているのか付き合っていないのか、曖昧な関係が増えているような気がするからです。そして、それは、付き合っているかどうかの結論を先延ばしにしている、プロクラスティネーションにほかなりません。

以前、恋人関係を曖昧にしている人に「なんで相手に付き合っているかどうか聞かないの？」と尋ねたことがあります。すると、その人は「関係をはっきりさせるのが怖いから」と答えました。

もし、「付き合っているよね？」と尋ねて、「付き合っていない」と答えられたら、これまでのように遊んだりできなくなり、関係が終わって会えなくなってしまうと言うのです。だから、先延ばしにする。傍から見たら付き合っている以外の何ものでもない2人なのに……。

こうした関係を続けていると、いつか心が病んでしまうのではないかと私は心配しています。本当に好きだし、将来のことまで話し合いたいと思っているのに、断られるのが怖いから話を切り出せない。そんな思いを抱えながら、悶々（もんもん）とした気持ちで過ごしていたら、次第に心が疲れていってしまうと思うのです。

それに、「付き合っていない」と答えられたとしても、全然構わないと思いませんか？　たしかに、失恋はショックかもしれませんが、はっきりと言ってくれた方が、いち早く次の恋に進むことができますし、すっきりとした心になれます。いつまでもウジウジと悩んでいるより、スパッと切り替えられた方が、絶対に精神衛生上いいはずです。

恋愛の例で少しわかりづらかったかもしれませんが、日常の家事や仕事でも、先延ばしによって心を傷めてしまうケースはあります。

例えば、来週までにやらなければいけないことがあるのに、やる気が起きず手がつけられない。すると、スマホに自然と手がのび、SNSや動画を見るためにスクロールし始めるのではないでしょうか。

私はなにもスマホを見るのが悪いと言っているわけではありません。気分転換や情報収集のために見るなら、スマホほど便利なツールはありません。でも、ナイフと同じで、**使い方次第で毒にもなる**のです。

本当はやるべきことがあるのに、それに手をつけずにスマホをいじってしまう。それは、現実逃避です。目の前にある課題から目を逸らすために、刺激の強いコンテンツを求めてしまう。

けれど、心では、本当はやらなければいけないことがあるのをわかっているから、いくらスマホを見てもちっとも楽しめない。それは、無駄な時間以外の何ものでもありません。それに、課題から逃げている間は、ずっとモヤモヤしているはずですから、当然、心にもよくありません。

では、そういった先延ばしを回避するためには、どうすればいいでしょうか。

私はやっぱり、先ほどご紹介したように、**きっちりとスケジュールを立てることが、解決への近道**ではないかと思っています。

私は仕事を受ける場合、必ず締め切りを聞くようにしています。そして、仕事を受けた日に、その仕事をこなすにはどれくらい時間を要するのかを考え、それが1日で済ませられるものだったら、締め切りの日には絶対にほかのスケジュールを入れずに1日で終わらせてしまいます。つまり、締め切り日まで、その仕事についてはまったく考えないのです。ですから「あ〜、今日も昨日もやらなかった」というストレスはありません。

そうすれば、いつかやらなければいけないと焦る必要もなく、ダラダラとスマホを見て、現実から逃げることもありません。そして、締め切り日までの空いた時間には、他の仕事の締め切りが入っていて、それもできれば締め切り日の1日だけで集中してこなすのです。集中力の勝負ではありますが、先延ばしから来るストレスはありません。

無駄な時間を作らないため、プロクラスティネーションの状態に陥らないため、きっちりスケジュールを立てることが、とても大切だと思います。

「時間をお金で買う」
という
考え方を知っておこう

これまで、時間についていろいろと考えてきましたが、最後は時間とお金の関係についてです。次の章で、お金については詳しく考えますが、時間とお金は非常に密接な関係にあると言えます。

例えば、皆さんは**お金で時間を買うという感覚がありますか？**

そんな大袈裟(おおげさ)に考えなくてもいいのですが、例えば家事を外注するとか、電車よりタクシーの方が到着時間が早いからタクシーを選ぶとか。

実は、日常のさまざまなシーンで、お金で時間を買うことは可能です。

もちろん、時間よりもお金が大切で、常日頃から少しでも節約したいと思っている人には、この考え方は合わないでしょう。だけど、このような考え方があるのを知っておいて損はありませんし、むしろ、お金は使えるときに使っておいた方がいいと私は考えています。

会社を経営している人や個人事業主の人は、きっと多くの人がこの考え方を持っているはずです。例えば、自社で賄えない作業を、他の会社に外注することは一般的です。それは、技術的に自社ではできないものを外注に出すケースだけでなく、自社でできるけれどほかの業務に取り組みたいので、この部分を外注して、自社が自由に使える時間を作るというケースもあります。

ですから、お金で時間を買うことは、いたって普通のことなのです。

企業と個人を一緒にするなと思う人がいるかもしれません。ですが、家事も子育ても一人でこなし、いつも「時間がない」と悩んでいるなら、一度、家事を外注してみてはいかがでしょうか。

そして、**それによって生まれた自由な時間で、自分がやりたいことを好きなようにやってみてください**。

きっと、時間が欲しいとずっと感じていた人なら充実したときになると思いますし、気持ち的にもポジティブに変化しているはずです。

第3章

学校で習わないけど
大切な
「お金の使い方」

「お金があると安心」
ではなく
持つことのリスクも
考える

「時間がない」という悩みと同じくらい、多くの人が抱えているのが「お金がない」という悩みではないでしょうか。

子どもを大学まで行かせた場合、一人育てるのにかかる養育費・教育費の総額は2000万〜4000万円と言われており、それを考えると、「お金がない」と考えてしまう親の気持ちは痛いほどわかります。

そこで第3章ではお金について考えてみたいと思います。

時間を作るには無駄な時間をなくすという方法が有効ですが、お金に関しても同様に無駄な出費を防ぐということに尽きると思います。

ただ、お金の考え方について、時間以上に多くのマインドブロックがあるような気がします。

その一つが、**「お金を持っていれば安心」**という考え方です。

2019年に「老後2000万円問題」が大きく取り沙汰されました。実際に老後に必要な金額が具体的に提示され、その金額のインパクトから連日のニュースで扱われるなど大きな話題となり、中には自分の老後に不安を抱いた人もいるのではないでしょうか。

でも、その後に多方面から検証され、すべての人に「老後2000万円問題」が当てはまるわけではないとか、実際はもっと少ない額でも問題ないとか、さまざまな説が出ています。

その真偽がどうであれ、「老後2000万円問題」から見えてくるのは、多くの人が老後のためにお金を貯めておく必要性を考えていて、その金額も多ければ多いほど安心できると考えていることです。

でも、それこそがマインドブロックだと、私は思っています。

日本人の生涯を終えるときの所有財産は多く、「人は死ぬときに最もお金を持っている」という説もあります。つまり、**老後に備えて貯めたお金を使い切ることなく、多くの人が必要以上にお金を貯めている**のです。

もちろん、財産を子どもや孫に残しておきたいと考えることも大切ですが、それでも、せっかく苦労して貯めたお金を使わないのは、もったいないとは思いませんか？

そもそも、本当に「老後のためにお金を持っていた方が安心」なのでしょうか。この先もずっとお金の価値が変わらないとは言い切れませんし、老後を迎えたときには世の中の状況がずいぶんと変わっていることは十分に考えられます。

「定年後に海外旅行に行くためにお金を貯めている」という話もよく聞きます。けれど、もし体を壊して海外旅行に行くのが困難になっていたら……というリスクを考えている人はあまりいないのではないでしょうか。

もちろん、将来の夢のためにお金を貯めるのは素晴らしいことです。でも、自己投資してスキルやマインドをレベルアップして自分の価値を高めた方が、最終的には伸びしろがあり、コツコツ貯めるだけの人よりも経済効果があることも多々ありますし、お金が物事を動かす「エネルギー」であることを忘れてしまい、貯蓄に精を出すあまりに何も動かさずに人生が終わることもあるかもしれません。

お金を貯めることで同時に生まれるリスクも考えることが大切です。

お金は「ただの数字」。
使って初めて価値を持つ

お金があれば衣食住に困らない。
お金があれば欲しいものが買える。
お金があればいざ病気になったときに対処できる――。

お金があれば安心な面はたくさんあります。

けれど、よくよく話を聞いてみると、「お金を持っていると安心」と考えている人の中には、お金を「実体のあるもの」として捉えている人もいるような気がしています。

多くの人は紙幣とか硬貨をお金と認識していますが、実は紙幣なんて使わなければただの紙切れと一緒です。

お金は使って初めて価値を持つのです。だから、持つことよりも使うことが重要なのです。

また、今では少し価値観が変わりつつありますが、まだまだ「お金は汚い」というイメージを持っている人が非常に多いことに驚かされます。

以前、中高生に「社長ってどんなイメージ？」と質問したことがあるのですが、返ってきたのは「お金持ちでずるい人」とか「搾取している」とか、人を騙(だま)して自分だけが得をしているようなブラックな印象だったのです。

この話を聞いて、皆さんはどう思いますか？

自分はあまり持っていないお金をたくさん持っているからずるいと考えていると思うのですが、子どもの頃からこのような認識ではまずいですよね。

そもそも企業は営利団体なのでお金を得る・稼ぐことを目的に作られていますし、世の中に必要なものを提供しているからこそ「お金が得られている＝世の中のためになっている」のに……。

それに、すべての社長がお金を持っているわけではありません。あくまで中高生たちがイメージしているのは「成功した社長」であって、中には成功していない社長もいるわけです。社長に対する思い込みが実際と大きくズレていることもわかります。

社長は人を雇う側ですが、では、雇われる方はどうでしょうか。

新卒の学生が企業に入社するとき、「初任給は○○円」と提示された決まった金額を何の疑問もなく受け取っていると思います。サマー・イン・ジャパンの講師の一人として日本を訪れたハーバード生で、日本が好きになり日本の会社に正社員として就職した女性は、入社の際に自分で給与額を交渉していました。自分一人だけ高い給料をもらうことにネガティブな感情があるのか、一人だけ抜け駆けしていてずるいと思われるのを避けているのかわかりませんが、自分の価値や労働に見合っただけの報酬をもらうというのは、世界的に見れば至極当然のことです。

それなのに、周囲の目を気にして言い出せずにいるのはおかしいことです。

お金は汚いというイメージを持っているのに、一方では、お金が欲しいと言う。このいびつな形はいったい何なのでしょうか。

一つ思うのは、**お金が欲しいと言っている人の中には、「何のために欲しいのか」が欠けている**のではないかということです。

お金はあくまで手段であって目的ではありません。何か具体的なものを得るためにお金が必要とか、何かやりたいことをやるためにお金が必要とか、何かを得るために使うものです。

何の目的もないのにお金を貯めて安心した気になっているより、何かやりたいことを見つけ、そのためにお金を使った方が、正しいお金との付き合い方と言えるのではないでしょうか。

お金を使う際は
浪費・消費・投資
のどれかを考える

「お金を貯めたい」と考えている人の中には、「お金を貯めないといけない」という、半ば強迫観念のようなものにとらわれている人はいないでしょうか。先の「老後2000万円問題」もそうですが、今、世の中を見ると「〇〇節約術」とか、「資産運用のすすめ」とか、とにかくお金を貯めさせようとする言葉が溢れています。

それらをすべて否定するつもりはありませんが、どうなるかわからない将来のためにお金を貯めることが、そこまで必要なのでしょうか。

それよりも私は、「お金を貯めないといけない」というマインドブロックを外し、**もっと自分に合ったお金の使い方や貯め方を探ることの方が大切**だと思います。

私はお金を使うとき、必ずそれが「浪費」「消費」「投資」のどれかを考えるようにしています。

「浪費」とは必要以上にお金を使うことですが、例えば私にとってお酒を飲むことは「浪費」だったので、すっぱりとやめました。お酒を飲んだところで特にリラックスできるわけでもないし、何かを生み出すわけでもない。だったら、「消費」ではなくただの「浪費」だと感じ、自分にとって無駄だと判断したのです。

「消費」とは、例えば減価償却していくもの。

減価償却とは時間とともにその価値が減っていく資産のことを指します。これは会社経営などでは必須の考え方ですが、経営したことがないと、いまいちイメージが湧かないかもしれません。

一般の家庭に置き換えて考えると、日々の食材や、例えばオーブントースターやお掃除ロボットといった家電などが当てはまります。言い換えれば、**「生活するうえで必要なもの」「購入することで生活が便利になるもの」**を「消

■図1　浪費・消費・投資の違い

浪費	必要以上にお金を使うこと	・お酒を飲むこと ・無駄に洋服を買うこと
消費	生活に必要なもの （減価償却するもの） にお金を使うこと	・スーパーで日々の食材を買うこと ・冷蔵庫やテーブルを買うこと
投資	将来的に自分の役に 立つことにお金を使うこと	・セミナーや講演会に行くこと ・リラックスのための旅行をすること

何が浪費で何が投資になるのか、
人によって変わってきます。

費」と捉えればよいでしょう。

そして、最後は「投資」です。

「投資」とは、自分のスキルを磨くなど、将来的に自分の役に立つことに使うお金です。セミナーに行ったり、講演会を聞いたり、あと、美術館に行って感性を養ったり。私の場合、何か目的のある旅行をすることも「投資」と考えています。

私はときどき「出張」と称して、一人でホテルに泊まることがあります。それは心からリラックスできる環境を作り、頭を休めるためです。

皆さんは、職場や家にいてあまりにも緊急性の低い連絡にイライラすることはありませんか？　大した内容でもないのに「確認お願いします」とか、朝食を終えてゆっくりしようと思ったのに「あのシャツどこにしまったの？」とか。そうした緊急性の低いタスクをちょこちょここなしていたら、いつまで経っても頭を休めることはできません。

だから私は、そういった煩わしい連絡を遮断し、自分にリラックスの時間を与えるために出張と称してホテルに泊まっているのです。

ホテルにいれば、食事を作る必要もないし、後片付けも、シーツを替えて洗濯する必要もない。それに、**煩わしい連絡はシャットアウトしているから、心からリラックスでき、頭も休まるのです**。そして、そのおかげで、新しいアイデアが生まれたり、将来的に役立ちそうな何かに気づけたりするのです。

私は子育てをしている頃からホテルに泊まっていました。仕事に家事に忙しい毎日を送っていると気持ちに余裕がなくなり、子どもにきつく当たってしまうこともあると思います。常に忙しい毎日を送っていたらそうなってしまうのも当然ですが、その環境は変える必要があるでしょう。

だから、子どもや家事は夫に任せて、自分の気持ちをリラックスさせる日を作ったのです。

家事をしないで一人でホテルに泊まると言うと、「贅沢（ぜいたく）だ」とか、「お金の浪費だ」と思う方もいるかもしれません。

でも、私は、**心身ともにリラックスできるということは日々の生活を充実したものにするうえで大事なことだと思いますし、新たなアイデアが生まれるといった実質的なリターンもあります**。

私にとっては間違いなく、「浪費」ではなく「投資」だと思っています。

「何が投資になるのか」は人によって異なってきます。

皆さんもぜひ、お金を使う際に「それは浪費・消費・投資のどれなのか」を考える癖をつけてみてください。

ものを買うときは
「安いから」ではなく
投資的な視点を

そもそも、日本人は「投資」という考え方が苦手のような気がします。投資とは「将来返ってくるものを考慮してお金を使う」という予想値がどうしても入ってきて、金額に見合ったリターンが返ってこない場合もあるため、苦手な人の気持ちもわかります。

けれど、投資という考え方は持っておいて絶対に損はないと思いますので、まずは私の例をここで紹介したいと思います。

私は子どもが生まれたとき、約2メートルの大きく一生持ちそうな質のよいテーブルを買いました。それは、子どもがこのテーブルを使って絵を描いて遊ぶとき、大きい方が想像力豊かな発想につながると思ったからです。

それと、実はもう一つ、「お金」の視点で言うと、**大きく質のよいテーブルの方が「一生使える」と考えたから**です。

子どもが小さいときは、お絵描きしたり、絵本を読んだりと、そのテーブルが言わば保育園や図書館のような役割を担ってくれます。

そして、少し大きくなったら、今度はそのテーブルで勉強をするようになり、学校や塾の役割に変わる。

子どもが大学生になり独立したら、今は私がそのテーブルを使って仕事をしています。


もし、子どもが生まれたとき、安いからと言って、子ども用の小さなテーブルを買っていたら、このように長く使い続けることはできなかったでしょう。

数年もしたら使わなくなり、そしてまた新たに子ども用の学習机を買わなければなりません。


それではテーブルを買うことが「消費」になります。

でも私は、「投資」と考えてこのテーブルを買いました。

あえて値段の高い大きなテーブルを買ったことで、捨てることなく、今も使えているのです。

さらに、「投資」という面で考えたら、娘は成長して、現在はバイオリニストとして自分でお金を稼げる子に育ってくれました。このテーブルで育まれた想像力と感性が役立ったのかはわかりませんが、娘を育てるために大きなテーブルを買うといった「投資」は見事に成功しました。

「投資」と考えた方がいいものの代表的な一つに、マイホームが挙げられます。

賃貸とは違い、不動産を買うには「売るとなったときにどれだけ高く売れるか」という投資的な視点が必ず必要になってきます。

ただ、私は不動産関係のプロではありませんから、ここではそれとは少し違う視点をご紹介したいと思います。

一般的に日本の住宅は、時間が経てば経つほど価値は下がると言われていますす。それは間違いないのですが、**考え方次第で、何年経っても価値あるものとして捉えることは可能**です。

子どもが小さいときは、先ほどのテーブルと同じ原理で、保育園や図書館といった役割を果たすために家を使います。そのほかにも、家で遊ばせたり、音楽を習わせたり。そして、勉強するようになって家が学校や塾の役割を果たすようになり、やがて子どもが独立していく。

そのとき、子育てを終えたから、もう家の果たす役割はないと考えてしまったら、家の価値はたちまち低くなってしまいます。そうではなく、いらなくなった子ども部屋を自分の仕事部屋に代えるとか、友人を招いてホームパーティを開く会場にするとか、考えれば家の使い道はいくらでも思いつきます。

今では家＝プライベートなものという印象が大きいですが、プライベートだけに費やしたら投資的な意味合いは持たせられません。**仕事をしたりホームパーティを開いたりと、もう少しパブリックな視点で家を捉えてみることがポイント**だと思います。

実際、私は事業を始めるとき、最初は自宅を事務所にしていました。自分の家にオフィスの役割を持たせたのです。その事業で挙げた収益を考えると、ローンを組んで購入した家の金額は十分に元が取れています。

今では会社員の人でもリモートワークが増え、自宅で仕事をする方も多いと思いますので、「自分にとってどんな投資になるか」を考えて、マイホーム購入を考えてみてはいかがでしょうか。

もっとも、ここではマイホームとしましたが、今では家族で賃貸で住む方も多いと思います。賃貸もマイホームと同様に、どんな環境、どんな空間にするか、投資的な視点は役に立ちます。

消費でものを購入すると、買った当初は新品で気持ちは昂りますが価値はどんどん下がっていきます。

しかし、**購入した金額以上の見返りがあるのが投資**ですので、ぜひ何か購入する際はこの投資的な視点を大切にしてみてください。

自分への
ご褒美的な感覚で
「浪費デー」を作っていい

「浪費」「消費」「投資」の考え方を紹介しましたが、きっと多くの方は「浪費＝無駄」だと思い、できるだけ「浪費」しないように心がけるでしょう。そして、結果として、それが節約につながるわけです。

ただ、「浪費」というのは、意外と無意識のうちにしてしまうものです。買ったときは「消費」や「投資」だと思っていたけど、あとあと振り返ってみたら、ただの「浪費」だったなんてことは、よくあります。

そんなとき、「また散財してしまった……」とか、「こんなことをしているから お金が貯まらないんだ……」とか、落ち込んでばかりいたら、精神衛生上よくありません。

だから、私は、**ダイエットでいう「チートデー」のような、「浪費デー」を設けるようにしています**。その日は、とことん贅沢三昧したり、自分に役立つとかに関係なく好きなものを好きなように買ったりするのです。

また、「浪費デー」とは別に「投資デー」というのも設けています。

先ほど言ったホテルに泊まることだけでなく、例えば、講演会に着る洋服は私にとって「投資」だから、普段着るのとは違ういい服を買う。自分にとって価値のある人との会食は「投資」だから、そんな人と一緒にいいものを食べる。

このように書くと、「浪費」と「投資」は紙一重のようにも感じますが……、それでも、「浪費デー」と「投資デー」をうまく使いながら、ストレスを溜めずに普段はできるだけ「浪費」を減らしているのです。

「資産と負債」で
家計を見れば
新しいお金の使い方
ができる

この「浪費」と「消費」と「投資」という考え方、実はバランスシートを知っていると、より理解しやすくなるかもしれません。

バランスシートとは「貸借対照表」と呼ばれるもので、企業が、ある時点において自社の財務状況を明らかにするために作成する書類のことです。

一般的に、表の左側に資産を記入し、資産の中でも現金などの「流動資産」、土地や建物などの「固定資産」に分けます。また、右側には負債と純資産を記載し、負債にも同じように「流動負債（未払い金など）」と「固定負債（長期の借入金など）」があります。

資産と「負債＋純資産」は必ず一致しなければなりません。

このバランスシートですが、なにも企業だけのものではなく、家計にも当てはめることができます。資産と聞くとそれだけで難しく感じてしまう人もいるかもしれませんが、考え方は簡単なので、ぜひ飛ばさずに読んでください。

例えば、家庭の場合、左側の資産のところに記入するのは、流動資産として「現金」「普通預金」「株式」「投資信託」などです。そして、固定資産には「不動産（家）」「自動車」などが入るでしょう。

右側の負債のところは、流動負債として「クレジットカードの未払金」などが入り、固定負債として、「住宅ローン」「自動車ローン」「教育ローン」などが入ります。そして、資産から負債を引いた額が純資産となり、その時点における家計の余力資産になります。

このバランスシートを理解することで何がいいかというと、**負債を資産として考えられるようになる**ことです。

先ほど、負債のところに「住宅ローン」や「自動車ローン」が入ると言いましたが、その代わり、資産のところに「不動産」や「自動車」を入れることが

■図2　バランスシートを家計に当てはめてみる

家庭におけるバランスシート

資産	
流動資産	××××円
現金	○○○円
普通預金	○○○円
株式	○○○円
投資信託	○○○円
固定資産	××××円
土地	○○○円
不動産（家）	○○○円
自動車	○○○円
合計	**××××円**

負債	
流動負債	××××円
クレジットカード	○○○円
固定負債	××××円
住宅ローン	○○○円
自動車ローン	○○○円
教育ローン	○○○円
純資産	
資産－負債	○○○円
合計	**××××円**

その時点における
家計の余力資産

資産＝負債＋純資産

できます。

この負債が資産になるという考え方が、とても大切なのです。

私は、娘がバイオリンを習っていましたので、バイオリンを例に説明しましょう。

子どもにバイオリンを買ってあげるとき、一つは1000万円のバイオリン、もう一つは20万円のバイオリンがあったとします。

両者の違いは、単に金額や楽器の品質・音色が違うだけではなく、1000万円のものはアンティーク品としての価値もあり、娘が数年使っても、価格が大きく下がることがないもの。一方の20万円のバイオリンは、消耗品として販売されているため、購入した瞬間から価値が下がり、数年もしたら0円になってしまうもの。

バイオリン購入資金として用意していたのは、300万円。

あなただったら、どちらのバイオリンを購入するでしょうか。

1000万円のバイオリンを購入するには、当然、ローンを組むなどして借金をしなければなりません。単純に今の経済状況を考えたら、20万円のものを選ぶしかない。そう考える人は多いと思いますし、それが間違っているとは思いません。でも、負債が資産になると考えたら、選択肢が変わるかもしれません。

1000万円のバイオリンは、アンティーク品としての価値もあるため、700万円の負債を抱えても、1000万円の資産を有したことになります。それに、資産として保有していれば、数年経って娘がバイオリンを買い替えるとき、あるいはバイオリンが合わず、やめてしまうときなどに売却することができ、700万円の負債を帳消しにすることも可能です。

■ 図3　1000万円と20万円のバイオリン購入後の資産

	特徴	資産
1000万円のバイオリン	アンティーク品としての価値があり、価格が将来的に下がらない	1000万円の資産（700万円の負債）
20万円のバイオリン	消耗品のため、購入した瞬間から価値が下がる	280万円の資産（20万円で購入）

けれど、20万円のバイオリンは資産にすることができないから、結果として手元に残る資産は280万円だけ。負債を抱えても1000万円の資産を手に入れるか、堅実に280万円が手元に残る方がいいか。さらに、上質の楽器で弾いて上達しコンクールにも出場できる場合と、いまいちの品質でやる気もなくなり途中でやめることになってしまう場合もあり得ます。

もっとも、これはあくまでもわかりやすい例として説明しただけで、バイオリンの価値が絶対に下がらないという保証はないし、ローンの利息なども考えなければいけないのでしょうが、ただ一つ言えることは、負債を資産にすることができるという考え方を持っていた方が、明らかに選択肢が広がるということです。

また、このバランスシートは、ほかのことにも応用できます。

その一つが、**子どもの習い事**について。

右の負債のところに、習い事の月謝などを書き込み、左の資産のところに、その習い事で獲得できるスキルを書き込みます。例えば、学習塾に通わせることで得られるスキルは学歴、英会話教室なら英語力、サッカーなら運動能力といった感じで書き込み、それが負債のところの金額に見合っているかどうかを判断するのです。

すると、子どもが将来なりたいものが学歴を必要としないものなら、塾代という負債をこれだけ抱え続けるのはもったいないですし、反対に、もし英語力を活かせる世界に進みたがっていたら、英会話教室代は負債から資産に変えることができます。

このように**負債と資産を見比べることで、子どもの習い事一つ一つを客観的に見ることができるようになる**のです。

そして、それは、その習い事が、子どもにとって「浪費」か「投資」かを見極めることにもつながります。

だからこそ、バランスシートは企業だけが作るものと思わず、その考え方を家計にも取り入れてはいかがでしょうか。

なぜ稼いだお金を
社会貢献のために
寄付するのか

ここまでお金についていろいろと考えてきましたが、最後に、貯めたお金をどのように使うのかについて、考えてみましょう。

第3章の冒頭でご説明したように、私は、お金は使って初めて価値を持つと考えているので、あまり貯めることにこだわらず、きれいに使ってしまいたいと考えるタイプです。

このような考え方は、私は別として、お金持ちの方に多いような気がしています。そう思う理由の一つが、**お金持ちほど、寄付などを通して社会貢献のためにお金を使っている**からです。

例えば、パタゴニア創業者のイボン・シュイナード氏は環境保護活動に取り組む団体などに30億ドルを寄付しています。また、アメリカ音楽界の重鎮デビッド・ゲフィンはたくさんの寄付をしていますが、そのうちの一つでイエール大学の演劇科に165億円を寄付、おかげで学生は全員学費がタダになりました。

彼らは、ビジネスで得た多額のお金でなぜ寄付などをするのでしょうか。

もちろん、純粋に環境保全に取り組みたい、社会をよりよくしたいという思いから寄付をするケースが多いとは思いますが、私は、もう一つ意味があると思っています。

それは、**自分がそれまでに培ってきたものを未来に残したいという思い**です。

いくらお金を貯め込んでも、使わなければ自分が死んだときに何の価値もなくなってしまいます。それよりも、寄付をして何かの形になっていれば、自分の名前や功績が未来に語り継がれるかもしれない。

これはあくまでも私の想像ですが、未来に自分の生きてきた痕跡を残すためにお金を使うというのも、意外と素敵なお金の使い方ではありませんか？

第4章

子育てが終わったあとにどう生きるか

自分を
アップデートするには
Z世代を
見習うことが有効

ここまでは、いまだに多くある思い込み＝マインドブロックを外すことの重要性を紹介し、時間とお金との向き合い方を紹介してきました。

そうしてできた新しい時間とお金の考え方で、自分自身の人生と向き合ってほしいと私は考えています。

子育てを終えたあと、自分は何を楽しみに生きているでしょうか。

実際のところ、今、子育ての真っ只中の人の中には、「そんな先のこと考えられない」と答える人がたくさんいるでしょう。それももっともです。家事に育児に忙しく、そのうえ仕事もしていれば、そんな未来のことを考える余裕がなくなるのも理解できます。

でも、だからこそ、無駄な時間を徹底的になくして時間を作ったり、日常の雑事から離れるためにホテルに泊まって精神的な余裕を作ったりしながら、**自分について考える必要があります**。

子育ての時期は子どもが最優先。でも、だからと言って自分を蔑ろにしていいわけではありません。

それに、結局のところ、親が幸せにしていることが子どもにとって大事なことで、幸せな家庭こそが、子育てに最も適した環境と言えます。

そうは言っても、自分が何をやりたいのか、何に生きがいを見いだせるのかまったく見当もつかない。そういう人もいるかもしれません。

自分のやりたいことを見つける。

そのために**まずやらなければいけないのは、自分自身がアップデートすること**です。古い価値観を捨て、がんじがらめになっているマインドブロックを一つずつ外していく。

古い価値観を捨てるために有効な手段を一つお教えしましょう。

それは、**若い子、Z世代（1990年代後半から2010年代序盤までに生まれた世代）の人たちに学ぶ**というものです。

彼ら彼女らは、当然のことながら、私たちの価値観とはまったく別の価値観で生きています。そんな生き方に触れることで、自然と古い価値観なんてなくなっていくでしょう。

Z世代の人たちは、SDGs（持続可能な開発目標）や環境危機、LGBTQなど、今の世界で課題とされているさまざまな物事が当たり前の世の中で生きています。つまり、**大人が意識して取り組もうとしていることに、もっと自然に、当たり前のように取り組んでいる**のです。

例えば、日本とアメリカの私の知り合いには、ゲイカップルが多くいます。彼らも友達も、変に気を遣うなど過剰な反応もせずに仲間として接しています。

さらに、Z世代の人たちは、自分のやりたいことをやっている人が非常に多いように思います。洋服が好きだったら自分の服のブランドを立ち上げており、「とにかくたくさん売りたい」というよりは、自分の服が好きな人に届けばいいという感覚でやっています。

たとえ高学歴の人であっても、学歴関係なしに自分の好きを仕事にしているのです。

おそらく、昔だったら、「そんなにいい学校を出たのにもったいない」とか、「いきなりお店を出すなんて、本当に食べていけるの？」とか言われたでしょう。いや、実際、その人たちも親から似たようなことを言われたかもしれません。

でも、彼らにとって、学歴は個性の一つで、**学歴に縛られて仕事を探すより、自分の好きを優先させる方が正しい**ことを感覚的に知っているのです。

このような考え方が浸透したのは、やはり、ＹｏｕＴｕｂｅやＩｎｓｔａｇｒａｍ、ＴｉｋＴｏｋなど、ＳＮＳを使えば誰でも自分の「好き」を発信できる環境が整っているからでしょう。そして、個人の発信ツールさえあれば好きを仕事にできるから、古い価値観に縛られていることに意味はないと簡単に脱ぎ捨てられるのです。

なにもＺ世代の人たちの真似をしろと言うわけではありません。

ただ、「老いては子に従え」という言葉があるように、若い子から学べることはたくさんあるのは間違いありませんし、常に若々しい考え方を維持するためには有効だと思います。

長期ビジョンを
決めることで
ブレない芯が持てる

自分のやりたいことを見つけるのにもう一つ有効な方法は、長期ビジョンを持つことです。**5年後、10年後になりたい自分を想像し、そのためにどんなスキルが必要かを探す**のです。

人はどんな環境においても、未来を志向できなければ、徐々に苦しくなってしまうものです。もし、日々の子育てがしんどいと思っている人が、5年後も同じ状況でずっとこの状態から抜け出せないと考えてしまったら、精神的にやられてしまうでしょう。

だから、5年後、10年後になりたい自分、今とは違う自分の姿を想像することが大切です。

ただ、いくら理想を掲げていても、無為に毎日を過ごしていたら、理想に近づくのは難しいでしょう。そこで、今の自分にできること、今のうちに磨けるスキルを探しましょう。

子育てのために仕事を辞めた人の中には、キャリアを中断してしまい、果たして、すんなりと社会復帰できるのか不安を抱いている人もいると思います。でも、子育て中に時間を作ることさえできたら、オンラインセミナーなどを利用してスキルアップを図ることは可能です。しかも、育児期間中の3年や5年のうちに、得意をドンドン伸ばして自分の価値を高めることができたら、元の職場に復帰する以外に、もっと自分を活かせる企業へキャリアアップすることも、決して難しくはありません。

そのためにも、5年後、10年後を見据えて、長期ビジョンを持って行動に移すことが大切です。

長期ビジョンを考えるとき、一つ、気をつけなければならないことがあります。

それは、**未来がどうなるかは誰にもわからない**ということです。

例えば、戦争の渦中にいる人に長期ビジョンを尋ねたら、絶対に平和を願うでしょうし、経済が破綻している国にいる人だったら、きっと経済的に安定した世の中と答えるでしょう。

つまり、そのときどきの社会の状況によって、長期ビジョンとして成り立つものと成り立たないものがあるのです。

だから、長期ビジョンは一つに固定せず、状況に応じて変えても、その都度修正しても構いません。そのくらいの柔軟性がむしろ大切です。

そんな中にあって、実はどんな状況でも成り立つ長期ビジョンがあります。

それは、私が常に抱いている、**「よりよい社会にするために貢献できる人になりたい」**という思いです。

これなら、戦時中に平和を願うのも、経済的に安定した世の中を願うのも、どちらも行きつく先は「よりよい社会」です。だから、私の長期ビジョンは、この一択なのです。

長期ビジョンを持つことのメリットはいくつかありますが、その一つは、**衝動的な行動を抑えられる**ということです。

人は、突発的な出来事に反応して、ついつい衝動的に動いてしまう生き物です。目の前で起きている出来事を何とかしないといけないと思い、後先考えずに行動してしまう。でも、そのような衝動的な行動は、往々にして失敗を招きます。

でも、長期ビジョンを持っていると、長期的な目線で物事を見られるので、突発的な出来事に慌てふためくことなく、落ち着いて見守ることができます。衝動的な行動をとらなくても、時間が解決してくれたり、落ち着いて見ることでかえって対処法が見いだせたりするものです。

また、第3章で紹介した負債と資産の関係においても、この長期的な目が必要です。

現時点では大きな負債を抱えているかもしれないけど、長期的に見れば、この負債が資産に変わる。そして、それがわかっていれば、現時点がたとえ苦しくても、それを乗り越えられるようになるのです。

また、「よりよい社会にするために貢献できる人」という長期ビジョンの内容に関して、このビジョンを掲げていることで、おそらく**経済的自立が図れるようになる**と考えています。その理由は、社会に貢献することとは、言い換えれば、その多くが「お金がもらえる」ということだからです。社会のニーズがないものを提示しても見向きもされませんが、ニーズがあるものだったら多くの人から賛同を得られ、お金と交換できます。

それに、自分の働きによって社会がよくなると思ったら、ワクワクしませんか?

もちろん、これはあくまで私が考えた長期ビジョンです。

この考え方に縛られる必要はありませんので、皆さんは皆さんなりの長期ビジョンをまずは作ってみてください。

常識を疑うことで
自分のやりたいこと
が見えてくる

自分のやりたいことを見つけるほかの方法としては、**世の中の常識を疑う方法**も挙げられます。

みんな普通にしているけど、この常識は何かおかしいといった違和感が、自分のやりたいことのヒントになるのです。

私は英語教室を始めるずっと前から、日本の英語教育に疑問を抱いていました。

娘は4歳のときに英検3級に合格しましたが、これは別にすごいことではなく、英検3級というのは、アメリカの幼稚園の年長組の子が話せるようなレベルなのです。

日本ではそれを中学卒業程度のレベルとしています。

なぜ、そうなっているかというと、やはり教え方に問題があるからです。

日本では、なぜか文法をとても丁寧に教える学習法です。be動詞や関係代名詞、仮定法、仮定法過去――。でも、文法をすべて理解するのは子どもには難しく、それで多くの子は英語に苦手意識を持ってしまうのです。

でも、英語初心者の子どもが文法を覚えることが、それほど大事なのでしょうか。

日本語を話すとき、どれだけの人が文法を意識しているでしょうか。

例えば、子どもが「ママがあのときお小遣いをくれていたら、お菓子が買えたのに」と言ったとします。

それって、日常の中で普通に出てくる会話ですよね。でも、よくよく文法的に見ると、しっかりと日本では高校の英語で習う仮定法の文になっています。

だからといって、子どもは仮定法という文法を意識して、このような話をしたわけではないことはわかります。

これはほんの一例ですが、こうした英語教育への不満を解消するために、私は英語教室を始めたのです。

ただ、なにも初めから会社を作って、英語塾を経営したいと考えていたわけではありません。

最初は、英語が得意だから自分の娘に教えていました。それがいつしか近所の子に広がり、いろいろな子に教えるうちに、もっと上手な教え方はないかと自分で研究し、自分自身のスキルも上げて、50人、500人と生徒を増やしていったのです。

「英語教育を変えたい」なんて言うと、壮大なミッションのように聞こえますが、一個人がいきなりそんなことできるはずもなく、**最初は地道に自分のできる範囲のことをしていた**だけです。

でも、そうして一生懸命に続けることで、周囲の人から信用が得られ、協力者も増え、どんどん規模が広がっていったのです。

だから、大事なのは、**自分のやりたいことを見つけ、そこにつながる第一歩を踏み出すこと**。

それがたとえ小さくても、ずっと続けていれば、最初は遠いと思っていた場所まであっという間に駆け上がることができるかもしれません。まずはぜひ行動に移してみてください。

それでも
見つからなければ
やりたくないこと
を挙げてみよう

これまで、自分のやりたいことを見つける方法をいくつか紹介してきましたが、それでも探せないという人は、反対に**自分のやりたくないことを探してみる**のはいかがでしょうか。

例えば、私は、会社員のように9時－17時で働くことや、制服やスーツを着ること、ストッキングを履かなければいけないことが嫌でした。あと、威張るおじさんがいる会社……。

そのように自分の嫌なことを避けるだけでも、ある程度、自分のできることは絞られると思います。

そもそも、単に仕事と言っても、そこには次の3つの考え方があると思っています。

・労働………生活費を稼ぐための仕事
・キャリア…高度なスキルを活かす仕事
・天職………人生をかけて取り組みたい仕事

いきなり天職に出会える人もいるにはいますが、ほんの一握りです。だから、まずは自分がやりたくないことを避けつつ、**「キャリア」になる仕事から始める**のがいいでしょう。

そのとき、たとえ天職に就けないからといって、自分を卑下する必要はありません。それよりも、与えられた場所で自分なりに工夫し、どうしたらもっと自分の強みを活かせるのか、もっと自由に働くにはどうしたらいいのかなどを考えながら、最大限のことをやり続けてみてください。

すると、自然とスキルが身につき、自分の資産として、スキルがどんどん溜まっていきます。そして、そのことが、必ず次のキャリアアップにつながるのです。

自分のやりたいことが見つからないからといって、自分探しの旅に出るのはよくありません。**やりたいことは外側からではなく内側から出てくるものだからです。**

まずは自分のできることから始める。

それが結果として、自分を天職のもとへ導いてくれるというベクトルを覚えておきましょう。

一つ一つ困難を乗り切れば
その先に
ご褒美が待っている

子育てを終えたあとに、どんな未来が待っているのでしょうか。

それに十数年先の未来を考えるのはなかなか難しいかもしれませんし、もし、今、子育てに苦労していて、何も考えられないというのなら、不安に感じてしまう方もいるかもしれません。


でも、困難を乗り越えたら、必ずそこに光があります。

私は、よく周囲の人に「何でそんなに明るくポジティブなの？」と言われることがあるのですが、**私は新しい困難に直面したとき、成長するチャンスが来たと考えるようにしているから**です。

それは、どんな困難にも対応できる自信と、絶対に負けない心を持っていると信じているからです。

ゲームをするような感覚で、困難を一つ一つクリアしていけば、その先に、宝箱のようなご褒美が待っているものです。

私の好きな言葉に、パーソナルコンピュータの父アラン・ケイの言葉があります。

「未来を予測する最善の方法は、未来を発明することだ」

未来に不安を抱えて何もしないのではなく、自分で未来を創るくらいの意気込みで動き始めてはいかがでしょうか。

第5章

親も子も一緒に成長するから「人生は楽しい」

前提にあるのは
「子どもを産んだだけで
素晴らしい」

今、皆さんは、子育て真っ最中でしょうか。それとも、子どもが小学生になって少し落ち着いてきた頃でしょうか。

本書は「親も子も成長する」と銘打っていますが、前提として、すべての親は「**子どもを産んだだけで素晴らしい**」という思いがあります。当たり前ですが、子どもがいなければ人口は減る一方で、未来は縮小していきます。子どもを作るということは一握りの未来を作っているのと一緒なのです。

子どもが言うことを聞かずにときには声を荒げてしまうかもしれませんが、まずはそんな自分を責めずに気持ちをリラックスさせてください。

そもそも親が子にできることは何でしょうか。

社会に出ても恥ずかしくないようにしつけることでしょうか。

あるいは、塾に行かせてテストで高得点を取れるようにすることでしょうか。

私はこれまで著書やメディアで家庭教育の重要性を謳ってきましたが、その大本になっているのは「無条件の愛を与えること」です。

「家庭教育」というと、たいていの人は、子どもにプリントを与えて勉強させるといったイメージを持つかもしれませんが、そうではありません。

私がモットーにしたのは、「**愛情をかけて褒めちぎる**」こと。何をやるかよりも、まず基本にあるのが無条件の愛です。

「Unconditional Love」（どんなときも何があってもあなたの味方です）

「Full Attention」（あなたをいつも見守っているから安心してください）

この2つは、最高レベルの愛情です。

この愛情を示すために、子どもを毎日褒めるのです。

子どもがこの世界に生まれて最初に出会う人は親です。子どもは親を見て育ちます。その親から、「人間とは温かいものですよ」「愛情で溢れていますよ」「地球は安全な場所ですよ」ということを与えてもらえたなら、子どもはこの地球でやりたいことに思い切ってチャレンジできるようになるでしょう。

安心があるから、不安定なリスクもとれるのです。

だから「親に何ができるのか」に悩んだら、あれこれ言わずに愛情をかけて褒めまくってください。

また、すでに子どもが10代半ばを過ぎていて、愛情をかけてこられなかったと思う人もいるかもしれませんが、**子育てに失敗はありません**。

たとえ、子どもが安心できる環境で育てられなかったとしても、子ども自身が自分の不安定さに気づき、逆境にいるからこそプラスのエネルギーに転換する例も、多々あるからです。

例えば、アメリカに住む移民の中には、親が英語がしゃべれず貧しい環境で育ったからこそ、そうした困難な状況からヒントを得てビジネスを始めた人もいます。また、恵まれない環境で育ったからこそ、人の苦しみがわかってそこから仕事が生まれたり、ご縁がつながったりするケースもあります。

理想は、生まれた瞬間から惜しみない愛情をかけて育てることかもしれませんが、できなかったとしても自分を責めることはありません。そのときあなたは精一杯のことをやってきたのですから、途中で気づけたなら、子どもが何歳になっても修正は可能です。

愛情をかけて
褒め続けることで
子どもの自信が身につく

愛情をかけること、褒めることがなぜ重要かと言うと、**子どもの自己肯定感が高まり、やる気と自信を身につけることができる**からです。

こう言うと、「褒めてばかりいたら調子に乗るのでは？」と心配される方もいるのですが、そこに注目はしません。子どもは毎日、いろいろなことをしでかしますが、どんな言葉も態度もすべて、「ママ大好き、わかって！」と体いっぱいに表現しているだけだからです。

子どもがすねたり、失敗したりすると、親は偉そうに怒ったり、しつけたりしがちですが、実はそれさえもすべてが親に向けられた愛情のプレゼンテーション。

この対応を間違えないように気をつけながら、子どもからの愛を受け取ることで、子どもはどんな自分も丸ごと肯定できるようになり、自己肯定感が育っていくのです。

また、今、仕事の世界で重要視されているものに「あきらめずやり抜く力」があります。その力を養うのに必要なのは、自分のビジョンに確信を持って、「自分ならできる！」と自分に自信を持つことです。

では、その自信はどこから来るのでしょうか？

それは、**小さな成功体験を重ねること**で身につきます。

私は、子育てと同様に、英語教室に通う生徒たちを徹底的に褒めるようにしています。人は誰でも、褒められたい、認められたいと思っていますから、とにかくいいところを見つけて褒めるのです。

例えば、英単語20個を覚えるところ、10個しか覚えられなかったとしても「10個も覚えられてすごいね！」と褒めちぎります。

親御さんからは「こんなに子どもが褒められたことはありません。嬉しいです」という感想をよくいただきますが、こうすることで子どもの目標達成もしやすくなり、成功体験を得ることができます。

子どもを100%肯定して褒めることで、子どもは日々、小さな成功体験を重ねていきます。

それが、**「自分ならできる！」という自己肯定感になり、自分が目指すビジョンに向かって、あきらめずに、やりぬく力となる**のです。

マイナスなことは
言わずに
常にポジティブ思考

先日、華道家元池坊（いけのぼう）の次期家元となる、池坊専好（せんこう）さんとお話しする機会がありました。

私も以前、華道を習っていたことがあったので、「上手にできない人は、どうやったらうまくなるのですか？」と質問をしたところ、次のようにおっしゃられていました。

「私もなかなかうまくはいきません。でも人間は、一生懸命頑張っても完璧にできないから、明日も頑張ろうという気になるんですよ。そうじゃないかしら？」

その言葉を聞いて、私の質問は、「下手だからどうしたらいいか」というネガティブ思考だったことに気づきました。

池坊専好さんの、**上手だと思ったら人間は向上しない、下手だから明日も頑**

張ろうと思える、といったポジティブな捉え方に感動したのです。

自信のある方たちに共通しているのは、**決してマウントをとらず、常にポジティブ思考で物事を考えること**です。

これは親子でも応用できます。

子どもができなくて落ち込んでいるときに「そんなんじゃ、ダメじゃない」と言うとますますやる気を失ってしまいますが、ポジティブ思考で「今日できなかったってことは、明日は今日よりよくなっているってことだね」と言ったらどうでしょう。子どもは「よし、今度こそ頑張ろう」とやる気を出して前向きになるでしょう。

自分にできることを子どもができないと、つい上から目線で言ってしまいがちですが、親がマイナスな言葉を吐かないだけで、子どもは自信を持って進んでいきます。

メンタルブロック
を外せば
自分自身の
自己肯定感も高まる

親ができることは「無条件の愛」を与えて褒め続けること。

そう考えると、けっこう自分でもできそうな感じがしてきませんか？

そうやって子どもの言葉や行動を見守り、成長する姿を見ると、実は親自身も自己肯定感を高めていくことにもつながります。

それは、子育てで得られる、素晴らしい財産です。

皆さんは、幼少時代に、自分の親にされて嫌だったことはありますか？

例えば、友達がいる前で「この子は本当に駄目な子で……」と言われたりとか。

自分が何も考えずに無意識でいると、今度は自分が我が子に同じようなことをしてしまう可能性もあります。

「**子育てとは親が子ども時代をもう一度経験できる貴重な期間**」と考えれば、

例えば我が子についしてしまうマイナスな言動に対しても、「これは、親にされて嫌だった」と考え直すことができ、同じことを繰り返さないように修正することができます。

初めて子どもを育てるときは、親も初心者マークです。

初心者なので、子どもの態度にイライラしたり、忙しさに気持ちが不安定になったりすることもあるでしょう。

けれど、大切なのは「無条件の愛」です。

本書でもたびたび紹介していますが、親自身が、「子育てではこうしなければいけない」と思い込んでいるメンタルブロックに気づき、一つ一つ外していきましょう。そうすれば、**子育てが変わり、家族全員がハッピーになれます**。

子育てはそんな素晴らしいチャンスです。

出産や子育てほど
人生の中で
楽しいことはない

もし、誰かに「今、毎日が楽しいですか？」と尋ねられたら、私は自信を持って「楽しい！」と答えます。

「子育ては楽しかったですか？」という問いに対しても、もちろん答えは「イエス！」です。

メディアなどで、歳をとることや子育てをネガティブなイメージとともに伝えることがありますが、私は声を大にして言いたい。

そんな根拠もない情報に惑わされるな、と。

以前、希望する人は70歳まで働ける「70歳就業法」について報じたニュースがあり、「そんな歳まで働かせる気か！」といった声が紹介されていました。

でも、それは人の考え方次第で、中には、「その歳まで社会の役に立てるのが嬉しい」「70歳になっても必要とされるようにスキルを磨いておこう」と考える人も絶対にいたはずです。

そして、人生を楽しく生きるなら、絶対に後者の考え方のように思います。

子育てだって同じ。もちろん大変な面もあるでしょうが、私はそれ以上に楽しいことで溢れていました。

「出産や育児のために休暇を取るのが申し訳ない」なんてことをたまに耳にしますが、そんなことを考える必要はまったくないと思っています。

なぜなら、はっきり言って、仕事は別の人でもこなせるけど、出産や育児は代わりがきかないから。

何より、**子どもを育てるということは、どんな職種よりも大切な仕事です。**

いつの時代も未来を作るのは子どもです。言い換えれば、子どもを育てるということは、未来を育てることなのです。

子育てばかりで
つらくなったら
思い切って
手を抜こう

それでも、子育てをしていると、何もかもが大変になり、逃げたくなってしまう日もあるでしょう。

特に、子どもが少し大きくなり、自分も仕事に復帰したあとでは、すべてを完璧にこなすのは難しいと思います。

そんなときは、**思い切って手を抜いてしまいましょう**。

なんなら、子どもをパートナーに任せて、旅行に行ってしまっても大丈夫です。何を隠そう、私も娘を預けて、一人でパリに行ったことがあります。ただ、そのときは娘の服ばかり買って、自分でも「なんだかな……」と思ったものですが。

そんなことをしたら、周りの人に「子どもがかわいそう」とか、「パートナーも大変だね」とか言われるかもしれません。でも、心身がきついという気持ちのまま子育てを続けるのではなく、一時的に自分を避難させる決断力も大切です。
それに、周りの目も結局は他人の目。周囲の目ばかり意識して他人軸で生きるのではなく、自分軸で生きることが何よりも大切です。

世間の間違った常識や単なる思い込みに過ぎないマインドブロックを一つ一つ外していき、誰の目も気にすることなく、自分が本当にやりたいことだけをする。そんな生き方ができたら、きっと子育て中も子育てが終わったあとも、楽しくハッピーに暮らせることでしょう。

たとえ年齢を重ねても
自分の可能性は無限大

若い頃、自分が歳をとるなんて想像できませんでした。

もちろん、今でも、さらに歳をとった将来なんて想像できませんし、結局のところ、私は一生このままなんだと思います。

言ってみれば、中二病を永遠に引きずっている感覚です。だって、**中学生の頃から、何も考え方が変わっていない**のですから。


子どもの頃から、私は常識を疑う子どもでした。世間の噂なんて気にも留めず、周囲がそれを押し付けようものなら、「だったらそれが正しい証拠を出せ」なんて言う子どもだったのです。

数学の方程式を「本当にこれで合っているの?」と疑い、お葬式に参列したら、みんな同じ作法でお焼香をあげているのを疑問に思い、中学のときなどは、みんなお揃いの上履きを履く意味がわからなかったので、自分の好きな靴を履いていったら先生に叱られました。

とにかく常識を疑い、誰が決めたのかわからないルールに従うのが嫌だったのです。

でも、そのおかげで、多くの人ががんじがらめになっているマインドブロックに悩まされることはありませんでした。

ときどき「廣津留さんは宇宙人みたいだ」なんて言われたこともありましたけど……。

それでも、その宇宙人が言った言葉が10年後には当たり前になっているケースもあります。

当時、大分県で「サマー・イン・ジャパン」というサマースクールを開きたいと言ったとき、多くの人から、「大分にハーバード大学の学生が来るはずない」などと言われました。でも、こちらがしっかり準備して、彼らにとって価値のあるプログラムにできたら、必ず集まってくれると信じて突き進んだ結果、10年経った今では、ハーバード大学生の夏のインターンの場として大人気になりました。

私は、世間の流行を真似するだけだと、すぐに時代遅れになってしまうと常に考えています。

世間の流行を追うのではなく、世間の先を行く――。

今はどんどん価値観の変わる時代です。

子育ての仕事も人生も、これまで当たり前と思っていたことがすぐに新しい当たり前に取って代わります。マインドブロックという古い価値観に縛られず、自由な発想を忘れないようにしましょう。

そうすれば、子どもの人生も自分の人生も家族の人生も、みんながハッピーになること間違いなしです。

おわりに

私はつねづね「今という〝幸せな時代〟にせっかく生まれたのだから、精一杯人生を楽しまないともったいない」という考えを持っています。ここで言う「幸せな時代」とは、地球の長い歴史を見たとき、恐竜のいた時代でも氷河期でもなければ、生きるために狩猟をしなければいけない時代でもなく、文明が発達し、不自由なく生きられる時代という意味です。遥か昔に人類が生まれ、過酷な環境を経てサバイブしてきた遺伝子が今の私を作っていると考えたら、それだけで幸運で、その幸運を活かすためにも、今を楽しまなければもったいないと考えてしまうのです。

それに、昔好きだった俳優さんなどの訃報に触れるたびに、「人はいつ死んでもおかしくない。だったら、限られた命、できるだけ笑顔で過ごしたい」と考えています。だから、たとえ困難があっても、自分が成長するチャンスだと思い、ポジティブに、笑顔で、その困難を乗り切るのです。

子育ても、同じようなことが言えるのではないでしょうか。

今は、子育てがまるで親の仕事や自立の妨げになる苦行のように語られることが多く、とても残念です。子どもを授かったことは何よりも幸運で、その幸運を活かすためには、子育てを目一杯楽しまなければもったいない。そして、子どもはすぐに成長し、やがて巣立っていってしまうのだから、一緒にいられる時間はできるだけ笑顔で過ごしたい。

ちょっと苦しいことがあっても、「今を楽しみたい」という思いさえあれば、笑顔で乗り切ることができるのではないでしょうか。そして、どんなことにも笑顔で取り組んでいる親の姿を必ず子どもは見ています。なぜなら、子どもが最初に触れるロールモデルは親なのだから。

なにも完璧な親を目指す必要はありません。誰だって失敗するし、その失敗した姿を子どもに見せていいのです。そうすることで、きっと子どもは、親の失敗から何かを学び取ってくれるでしょう。

本書では、繰り返し、マインドブロックを外すことの大切さや他人軸ではなく自分軸で生きることの重要性を紹介してきました。古い価値観にとらわれることなく、自分の好きなように生きる。

もし、自分がそのように毎日を過ごせたら、子どもも自分のやりたいことを自発的に行える子になってくれるかもしれません。だって、親と子はお互いに影響を与え合い、受け合いながらともに成長するものですから。

本書を読んだ皆さんの人生が、そしてお子様の人生が、より幸せになるよう心から願っています。

２０２３年８月

廣津留真理

廣津留真理（ひろつる・まり）

ディリーゴ英語教室代表、株式会社Dirigo代表取締役、一般社団法人Summer in JAPAN代表理事兼CEO。早稲田大学第一文学部卒業。大分市の公立小中高から塾なしで米国ハーバード大学に現役合格した娘・廣津留すみれの家庭学習指導経験から確立した「ひろつるメソッド」でディリーゴ英語教室を運営し、これまでに数万人を指導、英検や難関大学合格に導く。現役ハーバード生が講師陣のサマースクールSummer in JAPANで多様性重視のグローバル教育を推進し、2014年に経済産業省「キャリア教育アワード」奨励賞受賞。主な著書に『「好き」と「得意」を伸ばす子育てのルール15』『英語ぐんぐんニャードリル』『英語ぐんぐん ニャー単600』（以上、講談社）などがある。

子どもも自分も一緒に成長できる
これからの親の教科書

2023年10月3日　初版発行

著者／廣津留 真理

発行者／山下 直久

発行／株式会社KADOKAWA
〒102-8177　東京都千代田区富士見2-13-3
電話　0570-002-301（ナビダイヤル）

印刷所／TOPPAN株式会社
製本所／TOPPAN株式会社

●お問い合わせ
https://www.kadokawa.co.jp/（「お問い合わせ」へお進みください）
※内容によっては、お答えできない場合があります。
※サポートは日本国内のみとさせていただきます。
※Japanese text only

定価はカバーに表示してあります。

ISBN 978-4-04-606152-2　C0030